Madame Missou
ist zielstrebig

Madame Missou

IST ZIELSTREBIG

Unsere Themen

A la fin!

C'est la vie!

Du willst eigentlich für eine Prüfung büffeln oder eine wichtige Präsentation vorbereiten, schaffst es aber nicht einmal, damit anzufangen? Das Gespräch mit einem Mitarbeiter steht schon lange an, oder gar mit deinem Chef? Auf deinem Schreibtisch liegt eine Menge unerledigter Papierkram und du fürchtest insgeheim, dass die Frist der einen oder anderen Rechnung schon verstrichen ist? Oder vielleicht warten deine Eltern oder Schwiegereltern schon ewig auf einen Besuch von dir?

In allen Lebensbereichen kann es vorkommen, dass wir Dinge auf die lange Bank schieben. Doch warum eigentlich? Was hält uns davon ab, uns aufzuraffen und es einfach anzupacken?

Es gibt verschiedene Gründe für die sogenannte Aufschieberitis, und der Schweregrad dieses Übels reicht von „ein wenig faul" über „Ich kann das nicht" bis hin zur Prokrastination, die tatsächlich eine ernst zu nehmende Arbeitsstörung ist.

Ich selbst bin wohl nur ein leichter bis mittelschwerer Fall – und hoch motiviert, das Problem des Aufschiebens in Angriff zu nehmen. Dazu habe ich eine Menge recherchiert und verschiedene Tricks ausprobiert. Jetzt hab ich den Dreh raus und kann dir verraten, wie es auch dir gelingt, zielstrebiger zu werden.

Pardon, ich habe mich noch gar nicht vorgestellt: Mein Name ist Madame Missou. Mehr als einen guten Café au lait und einen Plausch mit meiner besten Freundin brauche ich nicht, um glücklich zu sein!

Alors, worauf wartest du? Krempel die Ärmel hoch, leg los und erreich deine Ziele!

Jede Reise beginnt mit dem ersten Schritt

Wenn du erkannt hast, dass das ständige Aufschieben ein Problem ist, ist der erste Schritt bereits getan. Du willst etwas ändern, und das zu Recht. Aufgaben, Termine und andere Dinge immer wieder aufzuschieben, wird auf Dauer sehr belastend und kann mitunter den ganzen Alltag bestimmen, im Extremfall sogar krank machen.

Vraiment, ich kenne das selbst nur zu gut. Wir reden die Umstände schön und vertagen die Aufgabe bis auf den letzten Drücker. Und was geschieht dann? Die ganze Situation artet in Stress aus, und falls es sich um eine größere Sache handelt, sind wir stunden-, vielleicht sogar tagelang damit beschäftigt.

Obwohl wir uns dessen durchaus bewusst sind, schieben wir die Dinge dennoch auf die lange Bank. Eigentlich nicht gerade clever, oder?

Das klassische Beispiel ist das Lernen für eine Prüfung – die Studentinnen unter uns können sicher ein Lied davon singen: Immer gibt es angenehmere Sachen zu tun. Selbst Bügeln und Abwaschen bekommen plötzlich einen ganz eigenen Reiz.

Bis die Zeit schließlich knapp wird …

So knapp, dass man tatsächlich gezwungen ist, endlich anzufangen. Dann lernt man den ganzen Tag, ist völlig überfordert vom Pensum und schlägt sich auch noch die halbe Nacht um die Ohren.

Das ist Stress pur!

In der Prüfung ist man dann völlig unausgeschlafen und erschöpft, mit dunklen Rändern unter den Augen, und bekommt die Aufgaben gerade so mit Ach und Krach auf die Reihe. Die Note ist vielleicht letzten Endes sogar noch okay, aber insgeheim ist uns klar, sie hätte viel besser sein können. Hätten wir doch nur mehr Zeit investiert. Oder in anderen Worten: **Hätten wir doch nur früher angefangen!**

„Morgen ist auch noch ein Tag."

Auf Los geht's los!

Mon Dieu, wie oft habe ich den Satz „Das mach ich morgen" schon gehört und selbst gesagt? Dieser Satz ist wirklich unser schlimmster Feind!

Klar, „morgen ist auch noch ein Tag" und vielleicht haben wir für die Aufgabe ja wirklich noch „ewig Zeit". Doch immer, wenn uns diese Gedanken kommen, sollten wir uns bewusst machen: **Je eher wir anfangen, umso schneller ist eine Aufgabe erledigt** und umso mehr Zeit haben wir für die angenehmen Dinge des Lebens.

Darauf gibt es allerdings eine typische Erwiderung: „Was macht es für einen Unterschied, ob ich vor oder nach der Aufgabe Zeit habe? Ich gönne mir eben einfach lieber jetzt etwas Freizeit und kümmere mich um Unangenehmes später."

Es gibt sicherlich viele Menschen, die so argumentieren, und möglicherweise ist das der Grund, warum es die Redewendung „Erst die Arbeit, dann das Vergnügen" überhaupt gibt. Andersherum vorzugehen hat nämlich einen erheblichen Nachteil: Natürlich kannst du auch Zeit mit deinen Freunden verbringen oder deine Lieblingsserie schauen, bevor du eine wichtige Aufgabe erledigst. Aber kannst du diese Dinge dann auch wirklich genießen? Stört da nicht das schlechte Gewissen, das ständig sagt: „Die Arbeit ruft, fang endlich an"? Du versuchst, es zu verdrängen, aber es schleicht sich immer wieder in dein Bewusstsein.

Ist hingegen die Arbeit erledigt, können wir uns Freizeitaktivitäten voller Elan, ohne schlechtes Gewissen und völlig entspannt hingeben. Wir können diese Zeit bewusst genießen, ohne störende Deadline, die uns im Nacken sitzt. Vollkommen stressfrei.

Alors!

Fang lieber heute an als morgen. Wag den ersten Schritt und pack es an! Denn je eher du anfängst, umso schneller hast du Zeit für all die schönen Dinge des Lebens.

Auf die Plätze, fertig, los!

Kleine Ziele setzen

Immer wieder kommt es vor, dass wir eine ganz bestimmte Sache immer weiter vor uns herschieben. Egal, ob es sich dabei um das Vorbereiten einer Präsentation fürs nächste Meeting oder um das Ausmisten des Kellers handelt, entscheidend ist, die Aufgabe muss gemacht werden und bedeutet eine Menge Arbeit.

„Nun, heute schaffe ich das nicht mehr", denken wir uns dann, „aber morgen, ja morgen, da steh ich ganz früh auf und werde richtig ranklotzen und durcharbeiten!" Was aus diesem Vorhaben meistens wird, weißt du sicher aus eigener Erfahrung. Mit ziemlicher Sicherheit gehen wir die Sache auch am nächsten Tag nicht an, und das hat einen Grund: **Das Arbeitspensum ist einfach zu groß, die Aufgabe unüberschaubar.**

Was also tun? Das beantworte ich dir am besten anhand eines kleinen Beispiels: Stell dir einmal vor, du sollst ein Erdbeerfeld abernten, und zwar allein und ohne irgendwelche Hilfsmittel .... Comment? Ein ganzes Erdbeerfeld? Dafür brauchst du mindestens einen vollen Tag, und schon beim Gedanken daran, sämtliche Erdbeeren auf dem riesigen Gelände von Hand pflücken zu müssen, vergeht dir sicher der Appetit auf die süßen roten Früchte.

Doch wie wäre es, wenn du dir einfach vornimmst, jeden Tag nur einen Korb zu ernten? Das ist gar nicht mühsam und im Handumdrehen erledigt! So kommst du deinem Ziel Stück für Stück näher und siehst jeden Tag Erfolge: nämlich jeweils einen Korb voll köstlicher Erdbeeren. Mmh, lecker!

Sei realistisch!

Sich kleine Ziele zu setzen, ist einfach realistischer, und das erhöht die Erfolgsaussichten ungemein. Statt dir zu sagen, dass du einen kompletten Tag (und schlimmstenfalls noch die Nacht) durcharbeiten wirst, solltest du dir zum Beispiel eine Woche sinnvoll einteilen und jeden Tag ein bisschen was erledigen, um bis zum Ende der Woche das Gesamtziel zu erreichen.

Nimm dir am ersten Tag eine Stunde Zeit, um dein Vorhaben zu planen: Um welches Thema geht es? Wo bekomme ich Informationen her, welche Hilfsmittel brauche ich? Was muss ich beachten? Was ist mir besonders wichtig?

Solche und ähnliche Fragen helfen dir, deine Aufgabe in **kleinere Teilabschnitte und realistische Tagesziele** aufzuteilen. Wenn du dein Teilziel erreicht hast, dann heißt es: Hurra, geschafft! Du hast für diesen Tag genug getan und kannst nun guten Gewissens aufhören.

Es sei denn natürlich, du willst gar nicht aufhören. Es kommt nämlich gar nicht so selten vor, dass man gern am Ball bleiben will, sobald man einmal richtig in einem Thema drinsteckt. Dann fängt es an, Spaß zu machen, und plötzlich geht einem vieles ganz leicht von der Hand. Wenn es dir so geht, dann kannst du natürlich gern weiterarbeiten und den Schwung nutzen, um voranzukommen.

Der 15-Minuten-Trick

Diese Methode ist etwas für all diejenigen, die sich wirklich überhaupt nicht aufraffen können und immer wieder Ausflüchte finden, um eine Sache zu vertagen. So ging es auch meiner Freundin Fabienne, bis sie diesen Trick entdeckte, mit dem sich der innere Schweinehund überlisten lässt.

Es geht dabei darum, das Pensum auf das absolute Minimum herunterzuschrauben. Was sind schon 15 Minuten, das schafft ja wohl jeder, oder?

Je kleiner die Aufgabe erscheint, die es zu bewältigen gilt, umso eher sind wir bereit, anzufangen. Nur 15 Minuten an etwas zu arbeiten, erscheint uns lächerlich klein und einfach zu bewerkstelligen. Genau darum geht es. Der innere Schweinehund kommt erst gar nicht dazu, „Och nö!" zu sagen, weil es ja wirklich ein Klacks ist.

Anfangen ist gar nicht so schwer!

Zumindest, wenn das Anfangen nur 15 Minuten dauert. Auch Fabienne schaffte es, sich aufzuraffen, um für diesen kurzen Zeitraum an einer unangenehmen Aufgabe zu arbeiten. Sie wusste ja, dass sie danach wieder aufhören durfte.

Doch der Trick bei der Sache ist eigentlich folgender: Haben wir den schwersten Schritt hinter uns gebracht, nämlich überhaupt anzufangen, dann arbeiten wir häufig auch weiter. **Wenn wir schon einmal dabei sind, können wir auch gleich weitermachen.** So wird aus einer Viertelstunde schnell eine ganze Stunde oder sogar länger.

Bei Fabienne funktionierte das hervorragend. Sie nutzt diese Methode mittlerweile für alles Mögliche – fürs Putzen und Aufräumen, um eine Fremdsprache zu lernen und sogar für berufliche Projekte.

mein
TIPP:

Damit der 15-Minuten-Trick richtig gut funktioniert, hat Fabienne noch einen zusätzlichen Tipp parat: Sie betont, dass es ganz wichtig ist, sich diese Viertelstunde in den Kalender einzutragen. Wie einen richtigen Termin. So hat man das Vorhaben immer vor Augen und nimmt sich für diese Zeit auch nichts anderes vor.

Routine schaffen

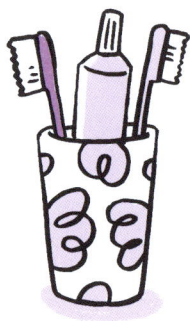

Der Mensch ist ein Gewohnheitstier. Alles, woran wir uns längst gewöhnt haben, erledigen wir beinahe im Schlaf. Ob die morgendliche Routine im Bad, der immer gleiche Weg zur Arbeit oder wiederkehrende Aufgaben im Büro. Dinge, die wir routiniert erledigen, laufen schon fast nebenbei, und wir fangen damit an, ohne groß nachzudenken. Oder grübelst du lange darüber nach, wie du dir die Zähne putzt?

Bei anderen Dingen funktioniert eine gewisse Routine ebenfalls und du kannst das sogar gezielt nutzen. Schiebst du beispielsweise das Bügeln des riesigen Wäscheberges immer wieder vor dir her, dann schaff dir eine wöchentliche Routine. Plan für diese unliebsame Tätigkeit feste Zeiten ein: Wie wäre es mit einer Stunde, immer dienstags um 18 Uhr? Damit die langweilige Arbeit nicht zu trist ist, kannst du dabei Musik hören oder immer eine bestimmte Sendung im Fernsehen verfolgen. Vielleicht gönnst du dir danach einen Café au lait oder ein Stück Schokolade. Wenn du das für einige Wochen durchhältst, geht es dir in Fleisch und Blut über und du wirst ganz automatisch wissen, dass der Dienstagabend für die Wäsche reserviert ist.

Ein anderes Beispiel dafür, wie du dir Routine zunutze machen kannst, ist das Durchsehen und Bearbeiten von Post, Rechnungen usw. Notier dir dafür einen festen Termin pro Woche und erledig alles an diesem Tag. Auch Rechnungen, die vielleicht noch Zeit haben. Je eher diese lästigen Schreiben vom Tisch sind, umso besser. So bekommst du gar nicht erst Mahnungen und böse Briefe.

Auch für E-Mails sollte es eine feste Routine geben. Du musst nicht jede neue Nachricht sofort öffnen, sobald sie in deinem Posteingang landet. Das führt zu ständigen und lästigen Unterbrechungen und hindert dich daran, die Dinge zu erledigen, die gerade wirklich wichtig sind. Besser ist es, bestimmte E-Mail-Zeiten festzulegen und dich dann auch daran zu halten. Beispielsweise könntest du immer morgens, sobald du ins

Büro kommst, deine E-Mails lesen. Dringende Nachrichten beantwortest du dann einfach sofort. Das dauert oft nur ein paar Minuten. Das zweite Mal checkst du deine E-Mails nach der Mittagspause und dann vielleicht noch einmal eine Stunde vor Feierabend. So schaffst du dir eine feste Routine, die deinem Arbeitstag einen gewissen Rahmen gibt.

Vorbereitungen treffen

Wenn deine Motivation mal wieder nicht auffindbar ist, dann kann dir vielleicht ein weiterer Trick helfen, mit dem ich selbst gute Erfahrungen gemacht habe: **Starte mit einer Aufgabe, ohne wirklich anzufangen.**

Das klingt vielleicht erst mal seltsam, aber glaub mir, es funktioniert! Es geht dabei darum, eine Pflicht oder Aufgabe so weit vorzubereiten, dass du beim nächsten Mal direkt loslegen kannst.

Wenn du beispielsweise zu Hause an einem längeren Text, etwa einem Fachartikel – oder, wie in meinem Fall, einem Buchmanuskript –, arbeiten möchtest, kannst du deinen Arbeitsplatz entsprechend vorbereiten. Räum vielleicht zunächst ein wenig auf. An einem ordentlichen Schreibtisch lässt es sich nämlich gleich viel besser arbeiten. Als Nächstes stellst du deinen Laptop bereit, ebenso wie vorhandene Unterlagen und Literatur zum Thema. Wichtige Stellen kannst du mit Lesezeichen markieren. Für anderweitiges Equipment wird auch gleich Sorge getragen: Stifte, Haftnotizen,

Textmarker, Karteikarten, eben alles, was du vermut-
lich brauchen wirst. Auf deinem Computer kannst du
einen Ordner anlegen und vielleicht schon Lesezeichen
auf relevante Websites setzen. Du kannst sogar schon
eine Textdatei erstellen und mit dem Arbeitstitel des
Artikels benennen. Aber fang noch nicht an!

Wenn du schließlich abends ins Bett gehst, wirst du
mit einem guten Gefühl einschlafen, obwohl du noch
nicht ein einziges Wort geschrieben hast. Und wenn
du am nächsten Morgen aufwachst, kannst du dich
direkt an den perfekt vorbereiteten Schreibtisch setzen.

**Einem produktiven Arbeitstag steht nun wirklich
nichts mehr im Wege!**

Den richtigen Ort zum Arbeiten finden

Apropos Arbeitsplatz, es lohnt sich, schon den Ort, an dem du lernen oder arbeiten möchtest, mit Bedacht zu wählen. Er sollte weder viel Ablenkungspotenzial bieten noch zur Erholung gedacht sein. Das Schlafzimmer beispielsweise sollte ein Ort der Ruhe und Entspannung sein. Wenn du dort jedoch arbeitest, kann dein Kopf später nicht so einfach in den Erholungsmodus umschalten. Auch das Wohnzimmer ist nur bedingt geeignet, denn dort steht meistens der Fernseher, der natürlich dazu verführt, die eine oder andere Pause einzulegen.

Was also tun, wenn du zu Hause arbeiten oder pauken musst? Falls du kein Arbeitszimmer hast, ist beispielsweise die Küche eine gute Lösung. Hier gibt es wenig Ablenkung, außer möglicherweise den Kühlschrank. Aber so ein Snack zwischendurch ist ja nicht zu verachten und ein kleiner Energiekick fördert die Konzentration und Leistungsfähigkeit. Auch Garten oder Balkon können geeignete Plätze sein, sofern laute Geräusche, Straßenlärm und dergleichen dich dort nicht ständig aus der Konzentration reißen.

In einem Café, auf einem belebten Platz oder im Park zu arbeiten, ist hingegen zwar eine schöne Vorstellung, in der Praxis aber nur bedingt geeignet. Durch die Geräusche und Menschen lässt man sich schnell ablenken oder die Gedanken schweifen ab.

mein

TIPP:

Bei manchen Vorhaben bietet es sich an, mit anderen gemeinsam zu lernen oder zu arbeiten. Das kann viel Spaß machen und vor allem sehr motivieren.

Allerdings solltet ihr aufpassen, dass ihr euch wirklich auf das jeweilige Projekt konzentriert. Wenn der Spaß nämlich überhandnimmt und ihr die meiste Zeit nur miteinander plaudert, solltest du deine Sachen packen. Dann bist du allein produktiver.

Störfaktoren ausschalten

Wo befindet sich gerade dein Mobiltelefon? In deiner Handtasche oder Hosentasche vielleicht? Oder liegt es gar neben dir? Mit ziemlicher Sicherheit ist es irgendwo in greifbarer Nähe, richtig?

Das Handy ist der Störfaktor Nummer eins, wenn es um konzentriertes Arbeit geht. Ein Anruf lässt uns den Faden verlieren und es dauert ewig, bis wir uns wieder vollends der Aufgabe zuwenden.

Durch ein kurzes und doch so verführerisches Geräusch lässt uns das Gerät wissen, dass wir eine SMS bekommen haben. Warum nicht einfach mal schnell nachsehen?

Viel schlimmer noch sind moderne Smartphones. Sie vereinen gleich alle Störfaktoren in einem. Mit ihnen können wir telefonieren, SMS und Chatnachrichten empfangen, im Internet surfen, Musik hören und Spiele spielen.

Smartphones sind der Super-GAU

Das Smartphone bietet alle klassischen Ablenkungen in gebündelter Form. Doch natürlich sind diese nach wie vor auch einzeln noch gefährliche Fallen, wenn wir eigentlich diszipliniert an etwas arbeiten möchten: Die Weiten des Internets bieten eine Fülle an Zerstreuung, beim Computerspielen vergisst man schnell die Zeit und selbst das langweiligste Fernsehprogramm wird manchmal überaus interessant, wenn man eigentlich lästige Pflichten in Angriff nehmen müsste.

Auch Freunde und Familienmitglieder sind bisweilen große Störfaktoren – wobei wir in der jeweiligen Situation wohl eher von einer willkommenen Abwechslung sprechen würden. Sag Freunden und Bekannten darum klipp und klar, dass du keine Zeit hast, und auch deinem Partner oder deinen Kindern solltest du deutlich machen, wann du in Ruhe gelassen werden möchtest.

Bien sûr, das ist leichter gesagt als getan. Ich muss gestehen, während ich dieses Kapitel geschrieben habe, hat mich eine gute Freundin angerufen, die wirklich viel zu erzählen hatte … Wenn ich mein Pensum heute noch schaffen will, muss ich wohl Überstunden machen.

Störfaktoren im Büro

Vieles, was ich gerade beschrieben habe, lässt sich natürlich auch auf die Arbeit im Büro übertragen. Nicht zuletzt sind manche Kollegen Störfaktoren par excellence. Wenn ständig jemand ins Zimmer kommt, weil er oder sie eine Frage hat, mit uns einen Kaffee trinken oder einfach mal kurz Hallo sagen möchte, reißt uns das wieder und wieder aus der Konzentration. Da hilft nur ein konsequentes Nein: Nein, du hast jetzt keine Zeit zu quatschen oder für einen Kaffee, nein, gerade kannst du leider nicht helfen, du bist nämlich beschäftigt.

Das Zauberwort heißt Nein!

Motivationskicks

Manchmal fehlt uns einfach jegliche Motivation. Ich selbst liebe es zwar, meine Bücher zu schreiben, aber wenn ich für ein kompliziertes Thema recherchieren und dazu stapelweise Fachliteratur durcharbeiten muss, dann macht sich doch gelegentlich der innere Schweinehund bemerkbar.

Solche Situationen kennt sicher jeder, und für den Motivationsmangel gibt es die unterschiedlichsten Gründe: schönes Wetter, Frust, Lustlosigkeit, uns geht es nicht gut, es gibt angenehmere Sachen zu tun, die Aufgabe ist langweilig, langwierig oder scheint nicht machbar, wir würden viel lieber Freunde treffen, unsere Lieblingssendung sehen, ein Buch lesen, sind über- oder unterfordert, wir finden, die Mühe lohnt sich nicht, das Arbeitsklima ist schlecht, die Kollegen nerven …

Was auch immer es ist, das dich davon abhält, mit Elan an eine Sache heranzugehen, mithilfe von ein paar kleinen Tricks ist es zum Glück ganz einfach, sich aufzuraffen.

Also los, motivier dich selbst, damit dein Projekt bald Fahrt aufnimmt!

Kann nicht, gibt's nicht

Viele Menschen drücken sich vor bestimmten Aufgaben, weil sie ihnen schlicht und einfach zu schwierig erscheinen oder weil die Situation ihnen Angst einjagt.

Meine Freundin Chloé beispielsweise tut alles Mögliche, um Anrufe bei Kunden zu vermeiden, weil diese ablehnend reagieren, sich beschweren oder ärgerlich werden könnten. Natürlich entgehen ihr so auch eine Menge Chancen, zumal ein guter Kontakt zu ihren Kunden in ihrem Beruf sehr wichtig ist und von ihrem Arbeitgeber gefordert wird.

Chloés Problem liegt also ganz klar darin, dass sie nicht weiß, wie das Gespräch ausgehen wird. Vielleicht ist der Kunde nett und verständnisvoll, aber es kann auch sein, dass er in Rage gerät. Chloé hat keine Kontrolle über die Situation und das bereitet ihr Unbehagen. Was also tun, wenn ein solches Gespräch ansteht?

Vor Kurzem haben wir das Problem bei einem Kaffee ganz ausführlich diskutiert. Unsere erste wichtige Erkenntnis: Chloé sollte sich bewusst machen, dass der Mensch am anderen Ende der Leitung sie gar nicht sieht. Das ist ein großes Plus! Vor dem Anruf sollte sie sich zudem Notizen machen – das schafft Sicherheit. Und das Wichtigste ist: Wenn tatsächlich Schimpftiraden auf sie niederprasseln, sollte sie das bloß nicht persönlich nehmen! Der Kunde ist schließlich mit dem Produkt oder dem Unternehmen unzufrieden, nicht mit Chloé selbst.

Als Ansprechpartnerin des Kunden ist sie allerdings oft diejenige, die all den Ärger abbekommt, selbst wenn sie für das, was schiefgelaufen ist, gar nicht verantwortlich ist. Die Anrufer genau darauf hinzuweisen, also direkt zu sagen, dass man nicht die Ursache des Problems ist (und sich ungern anschreien lässt), sich aber um eine Lösung bemüht, kann da oft Wunder wirken.

Nachdem wir das Problem auf diese Art analysiert haben, kam Chloé die Situation gar nicht mehr so bedrohlich vor. Schon am nächsten Tag arbeitete sie die meisten anstehenden Telefonate ab – mit Erfolg. Natürlich ist das nur ein Beispiel, doch für viele Situationen gilt:

Wenn man eine Aufgabe genau betrachtet und sich eine gute Strategie zurechtlegt, verliert sie ihren Schrecken!

Andere Gründe, Angst vor einer Aufgabe zu haben, können sein:

- Das Pensum ist im vorgegebenen Zeitrahmen nur schwer zu schaffen.

- Du fühlst dich überfordert.

- Du sprichst ungern frei vor anderen.

- Das Thema liegt dir nicht.

- Die Verantwortung ist zu groß.

- Du hast Angst vor den Konsequenzen.

Du schaffst das!

Glaub an dich selbst. Jede Aufgabe ist zu schaffen, wenn man sich nur hineinkniet und sie in Angriff nimmt. „Kann ich nicht" – diese drei Worte sind dein ärgster Feind. Natürlich kannst du!

Wenn es um eine Aufgabe im Job geht, kannst du dir auch klarmachen, dass man dich ja schließlich bewusst damit betraut hat. Offensichtlich traut man dir das Pensum, die Verantwortung oder das Thema zu. Wenn andere an dich glauben und Potenzial in dir sehen, ist das ein riesiges Kompliment!

Alors, solltest du dich jedoch wirklich haltlos überfordert fühlen, dann musst du dieses Problem natürlich angehen. Sprich mit deinem Chef, mit Freunden, mit Kollegen, mit Dozenten, mit wem auch immer. **Es findet sich sicherlich eine Lösung.**

Es ist verständlich, wenn du vor den Konsequenzen Angst hast, aber früher oder später muss man sich ihnen sowieso stellen. Sei also ehrlich zu dir selbst und zu anderen. Eine Angelegenheit hinauszuzögern, verbessert die Lage überhaupt nicht. Im Gegenteil, oft wird es dadurch für alle Beteiligten weitaus schlimmer.

Augen zu und durch!

Alors!

„Das geht nicht" oder „Das kann ich nicht" zu sagen ist keine Lösung. Wer nicht anfängt, wird nie erfahren, ob es nicht doch machbar ist.

Triff eine Entscheidung

Wenn wir etwas lang vor uns herschieben, dann oftmals nur, weil wir die Wichtigkeit dieser Sache nicht erkennen oder erkennen wollen. Es kann aber auch sein, dass diese Aufgabe tatsächlich nicht so bedeutsam ist, vielleicht ist sie sogar überflüssig.

Schreib dir deshalb auf, was konkret zu tun ist, und überleg dir anschließend, ob diese Aufgabe wirklich erledigt werden muss, und wenn ja, ob du das selbst machen musst. Vielleicht geht es ja um etwas, das Kollegen oder Mitarbeiter, dein Partner oder deine Kinder übernehmen können? Dann sorgt dafür, dass sich jemand darum kümmert, sodass du diesen Punkt endlich abhaken kannst.

Es kann aber auch sein, dass die Aufgabe im Grunde gar nicht wichtig ist. Dann entscheide dich einfach konsequent dagegen und streich die Aufgabe ganz.

Hast du hingegen ein schlechtes Gewissen, wenn du diese Arbeit unter den Tisch fallen lässt, dann bring es endlich hinter dich. Sag dann nicht: „Okay, das muss

ich wohl machen", sondern ganz klar und deutlich:
„Ja, ich erledige das!"

Entscheide dich ganz bewusst dafür, loszulegen und es bis ins Ziel zu schaffen.

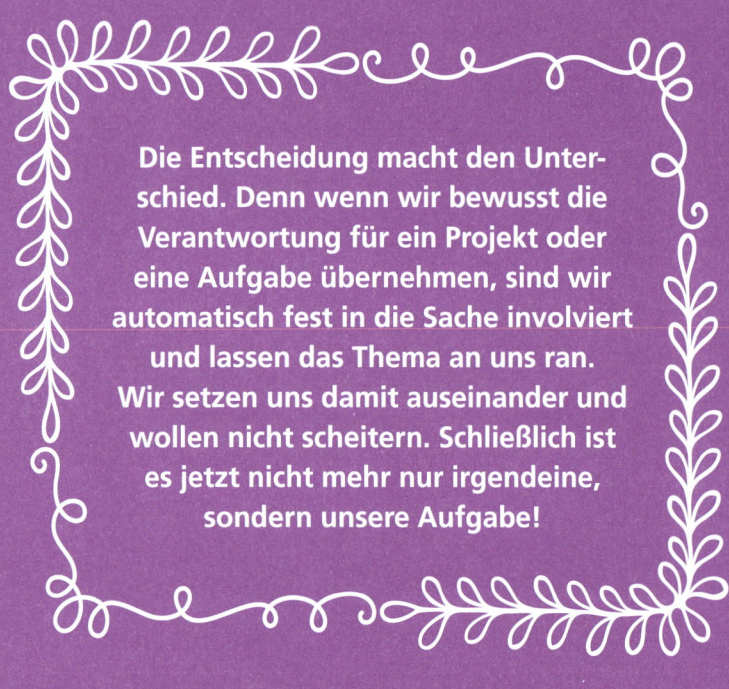

Die Entscheidung macht den Unterschied. Denn wenn wir bewusst die Verantwortung für ein Projekt oder eine Aufgabe übernehmen, sind wir automatisch fest in die Sache involviert und lassen das Thema an uns ran. Wir setzen uns damit auseinander und wollen nicht scheitern. Schließlich ist es jetzt nicht mehr nur irgendeine, sondern unsere Aufgabe!

Willst du dieses Ziel erreichen?

Ja

Nein

Arbeit kann auch Spaß machen

Als ich einer Freundin erzählte, dass ich mich mit dem Thema Aufschieben befasse, stellte sie mir plötzlich die Frage:

„Warum schieben wir eigentlich nie Dinge auf, die Spaß machen?"

Vraiment, warum eigentlich? Wenn uns etwas Freude macht, dann können wir es kaum abwarten, dass ein bestimmter Tag endlich näher rückt. Wir schmücken die Wohnung für das Weihnachtsfest, planen begeistert unseren Jahresurlaub oder fiebern einem Date entgegen. Ist der Zeitpunkt dann endlich gekommen, verfliegt die Zeit wie im Flug, und ehe es richtig angefangen hat, ist es auch schon wieder vorbei.

Sollte so nicht auch Arbeit sein? Ruck, zuck hat man Feierabend und weiß gar nicht, wo der Tag geblieben ist. Schön wär's, oder? Vielleicht gehörst du ja tatsächlich zu den Glücklichen, die all das lieben, was sie tun. Für die meisten Menschen ist das aber pures Wunschdenken. Viele quälen sich regelrecht durch den Tag, egal ob sie berufstätig sind, studieren oder im Haushalt und in der Familie Aufgaben erledigen müssen. Doch es ist durchaus möglich, die lästigen Pflichten angenehmer zu gestalten.

Frag dich doch einfach mal, ob es Situationen gibt, in denen du Dinge wirklich gern erledigst, die dir dann ganz leicht von der Hand gehen.

Wann macht dir die Arbeit Spaß? Gibt es vielleicht Arbeiten, die du regelmäßig erledigen musst, die sich aber gar nicht wie Arbeit anfühlen? Was zeichnet diese Aufgaben aus?

Meine Lieblingsaufgaben

Wenn die Zeit wie im Flug vergeht

Das perfekte Arbeitsumfeld

Überleg doch mal, was deine Lieblingsarbeiten auszeichnet. Bist du vielleicht eine typische Teamplayerin und dann am kreativsten und produktivsten, wenn du mit anderen zusammenarbeitest? Super – dann such dir ein Team! Bilde eine Forschungs-, Arbeits- oder Lerngruppe oder trommle deine Freunde als Unterstützung zusammen, wenn mal wieder eine Aufräumaktion oder ein Umzug ansteht. So wird die Arbeit erträglicher und macht vielleicht sogar richtig Spaß!

Es kann aber auch sein, dass du eher der ruhige Typ bist. So wie meine Freundin Chloé. Sie telefoniert nicht nur ungern, sondern manchmal braucht sie auch einfach Abstand vom tristen Büro und all den Menschen dort. Zum Glück erlaubt ihr ihre Chefin, öfter mal im Homeoffice zu arbeiten. Dann schnappt sie sich einfach ihren Laptop und verlegt ihren Arbeitsplatz in ihren ruhigen, grünen Garten. In dieser schönen Umgebung an der frischen Luft kann sie dann konzentriert E-Mails beantworten und Excel-Tabellen ausfüllen und fühlt sich dabei fast so entspannt wie im Urlaub.

Wie sieht dein perfektes Arbeitsumfeld aus? Manchen Menschen hilft schöne Musik dabei, am Ball zu bleiben. Anderen ist es wichtig, ein Foto von ihren Liebsten immer im Blick zu haben. Das erinnert sie daran, für wen sie jeden Morgen aufstehen, und erhöht zugleich die Vorfreude auf den Feierabend. Oft machen schon kleine Dinge den Unterschied. Glaub mir, schon ein paar dampfende Tassen mit köstlichem, frischem Tee können ein Büro in einen Wohlfühlort verwandeln.

Wenn ein Löffelchen voll Zucker …

Eine kleine Aufmerksamkeit, die du dir selbst in Aussicht stellst, kann wahre Wunder wirken. Entweder gönnst du dir die Belohnung nach einem Teilziel oder erst dann, wenn du die ganze Aufgabe erfolgreich gemeistert hast. Beide Varianten sind natürlich auch miteinander kombinierbar. Dabei solltest du ein Teilziel selbstverständlich nicht ganz so großartig zelebrieren wie den finalen Abschluss des ganzen Projekts.

Einige Belohnungsvarianten erfordern allerdings etwas Selbstdisziplin. Computerspiele verleiten beispielsweise zum Weiterspielen oder ein Treffen mit Freunden dehnt sich schnell auf den ganzen Nachmittag aus. Sei also vorsichtig, aber gönn dir auf jeden Fall hin und wieder dein persönliches Löffelchen voll Zucker!

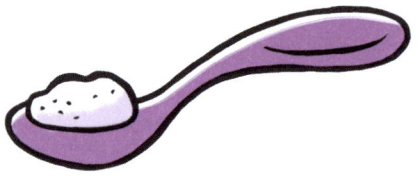

Kleine Belohnungen für zwischendurch

- ein Riegel Schokolade

- ein Kaffee

- ein Eis

- die Lieblingssendung im Fernsehen schauen

- ein Kapitel in einem spannenden Buch lesen

- zum Sport gehen

- sich mit jemandem treffen

- eine Runde Computer spielen

- im Garten sonnen

Das Beste kommt zum Schluss

Die großartigste Belohnung hebst du dir natürlich für den Schluss auf, für den Moment, wenn du die lästige Aufgabe gemeistert hast und jeglicher Stress von dir abfällt. Es sollte etwas sein, das du normalerweise nicht kaufen oder tun würdest, beispielsweise weil es ziemlich kostspielig ist. Jetzt ist die Zeit gekommen, dir endlich die Stiefel zu kaufen, die dich schon so lange im Schaufenster anlächeln! Oder du gönnst dir die Konzertkarten, den DVD-Player oder was auch immer du schon lange haben oder unternehmen möchtest.

Meine
Belohnung

Alors!

Je eher du die lästigen Pflichten hinter dich bringst, desto eher gibt es eine Belohnung. Na, wenn das kein Grund ist, sofort anzufangen und dich durchzuboxen bis zum Ziel!

Happy End im Kopfkino

Das Ziel visualisieren

Hast du Fantasie? Naturellement! Dann schließ deine Augen und stell dir vor, was passieren wird, wenn du deine Aufgabe erfolgreich abgeschlossen hast. Kannst du es sehen?

Dieser riesige Berg an Teilaufgaben ist abgearbeitet, du fühlst dich frei und unbeschwert. Eine Last fällt von dir ab und du bist stolz darauf, es geschafft zu haben. Vielleicht sind auch noch andere stolz auf dich und die Anerkennung tut dir richtig gut.

Aber da gibt es noch so viel mehr! Was hast du konkret davon, wenn du dein Ziel erreicht hast? Ist dein Zuhause vielleicht endlich entrümpelt, ordentlich und gemütlich? Steht endlich die lange ersehnte Beförderung an oder bekommst du eine Gehaltserhöhung? Hältst du dein Abschlusszeugnis in Händen? Hast du zu guter Letzt deinen Traumjob ergattert? Oder geht es vielmehr darum, dass du dich nun so richtig auf die Bikinisaison freust, weil all das Schwitzen im Fitnesscenter und der konsequente Verzicht auf süße Sünden wirklich bombastische Erfolge geliefert hat?

Was immer es ist, was du erreichen möchtest: Visualisier es. Lass wundervolle Szenen vor deinem inneren Auge ablaufen. Denk nicht an die harte Arbeit und all den Schweiß und die Mühen, die du investieren musst, sondern einzig und allein daran, wie wundervoll es sein wird, wenn es geschafft ist.

Alles wird gut – **zumindest im Kopfkino. Und Action!**

Variante für weniger Fantasievolle

Manchmal lässt uns unsere Fantasie allerdings tatsächlich im Stich. Es fühlt sich an, als wäre das Ziel unglaublich weit entfernt – es ist so weit weg, dass wir es uns nicht einmal vorstellen können. Stattdessen fallen uns all die Aufgaben ein, die wir erledigen müssen, und im Kopfkino bleibt es bestenfalls dunkel – wenn dir deine Angst vor der Aufgabe nicht sogar einen waschechten Horrorstreifen beschert. Du brauchst nun dringend einen Plan B.

In solchen Fällen kann es helfen, wenn du dir sämtliche Teilaufgaben und -ziele auf ein großes Blatt Papier oder eine Tafel schreibst. Dann kannst du für jeden einzelnen Zwischenschritt die kleinen Teilerfolge visualisieren.

Häng die Liste am besten irgendwo auf, wo du sie immer im Blick hast. So rückt nach und nach auch das große Happy End in greifbare Nähe.

Für das Schreiben einer wissenschaftlichen Arbeit könnte eine solche Liste möglicherweise so aussehen:

- Schreibtisch vorbereiten und Materialien zurechtlegen

- Notizen und Mitschriften sortieren

- In die Bibliothek gehen

- Lesen und dazu Notizen machen

- Gliederung der Arbeit erstellen

- Mit dem Schreiben anfangen

- Überarbeiten und Korrektur lesen

- Abgeben

- Feiern

mein

TIPP:

Für To-do-Listen aller Art gilt: Das Schönste ist das Durchstreichen! Vergiss also niemals, mit Genugtuung die erledigten Punkte zu streichen oder abzuhaken. Wenn du eine Tafel benutzt, kannst du sie auch einfach abwischen. Dies befriedigt ungemein und gibt einen Kick für den nächsten Arbeitsschritt.

Erzähl es allen

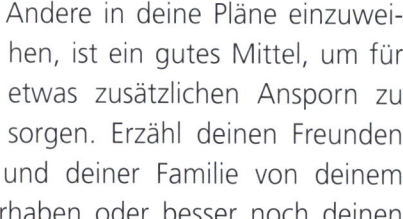 Andere in deine Pläne einzuweihen, ist ein gutes Mittel, um für etwas zusätzlichen Ansporn zu sorgen. Erzähl deinen Freunden und deiner Familie von deinem Vorhaben oder besser noch deinen Kollegen. Hauptsache, es sind Leute, vor denen du dir keine Blöße geben willst. So erzeugst du Druck, mit der Sache anzufangen und dann auch voranzukommen, um alles im vorgegebenen Zeitrahmen zu beenden. Denn natürlich solltest du auch erwähnen, bis wann du dein Ziel erreichen möchtest.

Du kannst auch Freunde darum bitten, dich gelegentlich anzurufen und nach dem Stand der Dinge zu fragen. Mogel aber nicht! Falls du in Versuchung geraten solltest, zu schwindeln, dann bitte besser jemanden bei dir zu Hause, deine Fortschritte im Blick zu behalten.

Diesen Trick wende ich übrigens schon lange an, und das bisher noch nicht einmal bewusst. Ich plaudere einfach viel zu gern über meine Ideen für neue Ratgeber und die anstehenden Projekte. Neben vielen In-spirationen und Tipps verdanke ich meinen Freunden dann auch eine Extraportion Motivation, weil sie stän-dig nachfragen, wie es denn vorangeht.

"Wie weit bist du mit dem Buch über Zielstrebigkeit? Kann ich schon mal reinlesen?"

Blick in die Zukunft

Du hast keine Lust, für dein Studium zu lernen, oder du denkst, dass die Meetings in deiner Firma sowieso pure Zeitverschwendung sind? Du willst schon lange ein paar Kilo abnehmen, aber die Sahnetorte ist einfach zu verlockend? Und warum solltest du im Garten Unkraut jäten und den Rasen mähen, wenn das Grünzeug anschließend wieder aufs Neue wuchert?

Egal, vor welcher Aufgabe du dich gerade drückst, lass uns nun erneut einen Blick in die Zukunft werfen – diesmal aber nicht, um ein Happy End zu visualisieren, ganz im Gegenteil! **Diese Zukunftsvision wird düster** …

Was wird passieren, wenn du die Aufgabe immer weiter aufschiebst? Wenn du sie schließlich viel zu spät angehst oder nur halbherzig erledigst? Um das herauszufinden, brauchst du gar keine Kristallkugel, sondern nur ein wenig gesunden Menschenverstand.

Nehmen wir mal das Beispiel Gartenarbeit. Natürlich wird das Gras nach einiger Zeit wieder nachwachsen und auch Unkraut sprießt in Zukunft nach Herzenslust. Du hast es also mit einer wiederkehrenden Aufgabe zu tun. Zugegeben, das motiviert nicht gerade, doch wenn du dich heute um den Garten kümmerst, sieht am Wochenende bei deiner Grillparty alles tipptopp aus. Andernfalls wird auch die schönste Partydeko nicht darüber hinwegtäuschen, dass du den Garten vernachlässigt hast. Den einen oder anderen Kommentar über den Dschungel hinterm Haus wirst du dir anhören müssen, nicht zuletzt von deiner Schwiegermutter.

Außerdem wird die Lage nicht besser, wenn du noch länger wartest. Je länger du der Natur freie Hand lässt und das Unkrautjäten vor dir herschiebst, desto mehr wächst dir die Aufgabe im wahrsten Sinne des Wortes über den Kopf. Über kurz oder lang kommt es nicht mehr infrage, in diesem Garten zu feiern, und das Vorhaben, den Garten ein wenig zu verschönern, wird zu einem Mammutprojekt, bei dem du gar nicht mehr weißt, wo du anfangen sollst.

Wäre es da nicht besser, wenn du es einfach jetzt hinter dich bringst?

Dabei ist die Gartenarbeit ja nur ein harmloses Beispiel, bei dem du dir im schlimmsten Fall nur einige Freizeitaktivitäten verdirbst. Aber wie sieht es beispielsweise mit dem Lernen aus, etwa für eine Weiterbildung oder gar ein Studium? Wenn du die Aufgaben nur mit halbem Einsatz erledigst, hat das weitaus schwerwiegendere Konsequenzen. Deine Noten sind bei Weitem nicht so gut, wie sie sein könnten, vielleicht fällst du sogar durch eine Prüfung oder schaffst den Abschluss nicht. So entgeht dir vielleicht die langersehnte Karrierechance, möglicherweise kommt deine ganze Lebensplanung durcheinander oder Lebensträume platzen.

Ziemlich beunruhigend, so ein Blick in die Zukunft, oder?

Pro und Kontra

In einem solchen Fall kann es hilfreich sein, eine Pro-und-Kontra-Liste anzulegen. So kannst du herausfinden, was besser ist: Willst du den Abend vor dem Fernseher verbringen oder doch lieber an deinem Projekt arbeiten? „Das ist doch klar", denkst du nun vielleicht. Rein rational ist dir natürlich bewusst, dass dein Projekt wichtiger ist. Trotzdem kann es helfen, das Thema mal wie eine „richtige" Entscheidung zu behandeln, also ganz ernsthaft das Für und Wider abzuwägen. Welche Vor- und Nachteile hat dein Handeln (oder Nichthandeln) kurzfristig? Wie wirkt es sich langfristig aus?

Typische **Kontra-Argumente,** die gegen die meisten Aufgaben und Pflichten sprechen, lauten zum Beispiel:

- „Ich hab keine Lust / bin müde."

- „Ich spiele lieber Computer / lese lieber / sehe lieber fern."

- „Das wird doch sowieso nichts."

Auf der **Pro-Seite** steht dann allerdings oft:

- „Je eher ich anfange, desto schneller bin ich fertig und habe Zeit für angenehme Dinge, ohne ein schlechtes Gewissen haben zu müssen."

- „Wenn ich rechtzeitig anfange, habe ich weniger Stress und mache weniger Fehler."

- „Ich werde mein Ziel erreichen, und zwar …"

Pro-Kontra-Liste für Faulenzer

Was würdest du einer Freundin raten?

Stell dir doch einmal folgendes Szenario vor: Eine gute Freundin hat die Gelegenheit, ihr Projekt vor dem Topmanagement ihrer Firma vorzustellen. Was für eine großartige Chance! Endlich kann sie allen zeigen, was in ihr steckt. Es kann durchaus sein, dass ihre ganze Karriere von dieser Präsentation abhängt.

Doch statt sich mit Feuereifer dieser Aufgabe zu widmen, scheint plötzlich alles andere wichtiger zu sein. Sie „kommt einfach nicht dazu", wie sie dir am Telefon erzählt, denn im Büro stehen ständig irgendwelche Kleinigkeiten an, und außerdem muss ja noch die neue Kollegin eingearbeitet werden. Am Wochenende hat sie auch keine Zeit, denn im Garten wuchert überall das Unkraut, darum muss sie sich jetzt dringend mal kümmern. Und heute Abend will sie sich endlich mal wieder mit dir treffen, schließlich habt ihr euch doch schon so lange nicht mehr gesehen …

Wie würdest du in dieser Situation reagieren? Ich könnte mir vorstellen, dass du die Lage etwas anders einschätzt und einen wirklich guten Rat parat hast:

„Wenn ich du wäre, würde ich mich jetzt ganz auf diese Präsentation konzentrieren. Die neue Kollegin hat sicher Verständnis, ihre Fragen kann auch jemand anderes beantworten. Das Unkraut im Garten ist nicht so wichtig, das läuft dir schon nicht weg. Und wir beide treffen uns einfach nach deiner Präsentation und stoßen dann auf deinen Erfolg an!"

Alors!

Wenn es um andere geht, sind wir immer schnell mit guten Ratschlägen zur Stelle. Dabei sollten wir erst mal vor der eigenen Türe kehren. Darum betrachte dich einmal von außen und überleg, welche Tipps du dir selbst geben würdest.

Umetikettieren

Zur Arbeit fahren, in die Uni gehen, bügeln, putzen …
Wenn du diese Worte hörst, dann vergeht dir gleich
die Lust? Dann denk dir doch einfach andere, angenehmere Namen für unliebsame Tätigkeiten und Orte
aus. Dadurch gewinnst du einen völlig anderen Blick-
winkel – und es macht jede Menge Spaß! Statt ins
„Büro" fährst du einfach mal „aufs Revier", und das
Abendessen muss nicht „gekocht" werden, sondern
wird „gezaubert". Die einfache Regel lautet:

Bloß nicht das Kind beim Namen nennen!

die ~~Universität~~ der Zirkus

~~Abwasch machen~~ Wasser-schlacht

~~lernen~~ Weltformel suchen

~~Gartenarbeit~~ Dschungel-abenteuer

~~Präsentation halten~~ ein wenig Nachhilfe geben

~~zur Arbeit fahren~~ in den Zoo gehen

Rituale wirken Wunder

Viele Profisportler (und manchmal auch Fans) haben Rituale, die sie konsequent vor einem Wettkampf zelebrieren. Ähnliches gilt für Theaterdarsteller. Sie durchlaufen ebenfalls lieb gewonnene Zeremonien, bevor der Vorhang sich hebt. Was für Schauspieler und Athleten gut ist, kann auch uns Otto Normalverbrauchern nicht schaden. **Denn Rituale geben Sicherheit.**

Wurde zum Beispiel eine Klausur mit Bravour gemeistert, nutzen einige gerne denselben Stift auch für die nächste Prüfung. Andere Leute tragen bei Vorstellungsgesprächen stets dieselbe Uhr, Unterwäsche, Halskette oder was auch immer. Manche Rituale sind richtige Ticks, aber solange sie uns Selbstbewusstsein und Zuversicht geben, ist jedes Mittel recht.

Hast du beispielsweise Angst vor einem Vortrag, weil du ungern vor Menschen sprichst, kannst du schon beim Proben vor deinen Freunden immer einen Talisman bei dir tragen. Bei den Proben bist du sicher nicht ganz so aufgeregt, und das Feedback deiner Freunde tut dir gut. Wenn du später tatsächlich vor dem großen Publikum stehst, spürst du den Talisman in deiner Tasche, der dich an die Unterstützung deiner Freunde erinnert.

Andere Rituale, die beim Durchhalten helfen, können spezielle kleine Pausen sein. Du kannst beispielsweise zwischen Lerneinheiten eine Episode deiner Lieblingssitcom schauen. Die dauern meist nur 20 bis 30 Minuten, eignen sich also hervorragend als kurze Unterbrechung und dienen gleichzeitig als Belohnung.

Wenn du erst einmal deine ganz persönlichen Erfolgsrituale gefunden hast, werden sie dich immer wieder zum Ziel führen!

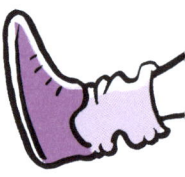

Crashkurs Zeitmanagement

Hand aufs Herz, wir wissen es doch alle: „Ich mache einfach immer alles auf den letzten Drücker" hat mit gutem Zeitmanagement rein gar nichts zu tun. Auf diese Weise machen wir uns nur unnötig das Leben schwer. Wenn die Zeit anfängt, knapp zu werden, haben wir Stress und wissen nicht mehr, wo uns der Kopf steht. Wie soll man da denn eine gute Leistung bringen? Das Beste, was dann noch möglich ist, ist Schadensbegrenzung.

 Um diese Torschlusspanik zu vermeiden, ist gutes Zeitmanagement tatsächlich eine große Hilfe. Ich hab mich ausführlich damit befasst und möchte dir gerne ein paar Tipps und Erkenntnisse zu diesem Thema mit auf den Weg geben, die mir persönlich geholfen haben. Immerhin habe ich es geschafft, dieses Buch pünktlich zur Deadline fertigzustellen!

 **Künstlicher Zeitdruck**

Es gibt Menschen, die stellen die Uhr bewusst ein wenig vor, damit sie nicht den Bus verpassen und immer ein wenig zu pünktlich sind. Ein toller Trick – oder? Vielleicht bist du skeptisch, denn schließlich weiß man dann ja, dass die Uhr beispielsweise fünf Minuten vorgeht. Glaub mir, das funktioniert trotzdem. Wenn wir auf die Uhr sehen und die Zeiger den Eindruck vermitteln, die Zeit wird knapp, dann beeilen wir uns nun einmal. Schließlich wollen wir ja kein Risiko eingehen. Besonders gut funktioniert dieser Trick, wenn alle Uhren ein wenig vorgestellt werden, also auch die des Mobiltelefons oder die im Auto.

Gleiches gilt für das Eintragen von Fristen und Abgabeterminen im Kalender. Egal ob Wand-, Tisch- oder Taschenkalender, trag die Deadline für ein Projekt, die Fertigstellung einer Präsentation oder eines Textes immer einige Tage früher ein als das tatsächliche, von außen vorgegebene Datum. Wie viele Tage genau, bleibt dir überlassen und hängt natürlich auch von der Größe des Projekts ab. Das Entscheidende ist, dass du dann stets diesen (früheren) Termin vor Augen hast, und irgendwann ist es für dich selbstverständlich, dass du bis zu diesem Datum fertig werden musst. Das hat den zusätzlichen Vorteil, dass du so am Ende sogar noch etwas Extrazeit für Nacharbeiten und Korrekturen hast.

Tagesplanung

Klar, die gute alte To-do-Liste kann einem ganz schön auf die Nerven gehen, aber sie ist nun einmal ziemlich praktisch und wirkungsvoll. Wer weiß, welche Tätigkeiten über den Tag verteilt anfallen, kann effektiver arbeiten. Wir können ungefähr einschätzen, wie viel Zeit für was benötigt wird, und uns darauf vorbereiten.

Stell am besten schon morgens oder am Vorabend einen Plan auf. Mach daraus gern ein Ritual. Beim Frühstück kannst du dir beispielsweise Notizen machen, was alles ansteht und welche Aufgaben am wichtigsten sind. Auch im Büro solltest du immer eine To-do-Liste auf dem Schreibtisch haben. So hast du alle Aufgaben immer im Blick und musst dir keine Sorgen machen, dass du etwas vergisst. Alles, was du an einem Tag nicht geschafft hast, wird auf die nächste Liste übertragen. Und was erledigt ist, darfst du natürlich streichen!

mein

TIPP:

Die unangenehmste Aufgabe des Tages solltest du zuerst erledigen.

„Mon Dieu, wie soll das denn motivieren?", denkst du nun vielleicht. Glaub mir, das wirkt Wunder! Denn wenn der größte Brocken erst mal geschafft ist, ist der Rest ein Zuckerschlecken. Du hast schon am Morgen ein Erfolgserlebnis, und das gibt dir für den Rest des Tages richtig viel Schwung.

Freie Zeitfenster entdecken

Beklagst du dich manchmal, dass der Tag zu wenige Stunden hat? Dass du gar nicht genug Zeit für alle Aufgaben hast und viel zu beschäftigt bist, um noch mehr zu erledigen?

Besorg dir doch einmal einen Kalender, bei dem jeder Tag in Stunden aufgeteilt ist. Dann trag alles ein, was du an einem bestimmten Tag tust: Schlafenszeiten, Mittagspause, Weg zur Arbeit, die Arbeit selbst, Kochen, mit dem Hund Gassi gehen usw. Anschließend kommen die wiederkehrenden Termine dran: Yoga, Einkäufe, deine Lieblingssendung im Fernsehen usw.

Wetten, dass es danach noch jede Menge freien Platz im Kalender gibt? Schnapp dir einen Textmarker und markier all diese freien Stunden. Jetzt siehst du klar und deutlich, wie viel Zeit du noch übrig hast. Höchstwahrscheinlich hat ein Tag weit mehr freie Stunden für dich parat, als du bisher dachtest!

Diese Zeitfenster kannst du nun beliebig füllen. Vorzugsweise natürlich mit anstehenden Aufgaben und

Erledigungen, mit allem, was du tun musst, um dein Ziel zu erreichen. Natürlich geht es nicht darum, jeden Tag bis zur letzten Minute auszureizen. Ein bisschen Freizeit muss schon sein! Aber du solltest die freien Zeitfenster zumindest kennen, damit du sie ganz bewusst nutzen – oder genießen – kannst.

Wie viel Zeit hast du wirklich?

 **Jahresplan erstellen**

Und noch ein ganz einfacher Trick, der viel bewirkt: Häng dir einen Jahresplaner irgendwo in der Wohnung auf. Am besten dort, wo du ihn gut im Blick hast.

Trag dort nun all die Termine ein, die in regelmäßigen Abständen erledigt werden müssen. Beispielsweise Rechnungen, die regelmäßig bezahlt werden müssen, oder auch notwendige Anträge oder Behördengänge. Reservier für Papierkram und das Durchsehen der Post einen bestimmten Abend in der Woche, möglicherweise reichen auch zwei Tage im Monat. Je nachdem, wie schnell deine Ablage voll wird.

Besonders wichtig ist es auch, halbjährliche oder jährliche Kontrolltermine, wie beispielsweise beim Zahn- oder Frauenarzt, einzutragen, schließlich geht es um deine Gesundheit. Auch Impftermine finden hier einen Platz. Und natürlich solltest du auch Jahrestage, Prüfungstermine, wichtige berufliche Termine wie Messen und Geschäftsreisen und deine Urlaubsplanung nicht vergessen. Wenn du magst, kannst du hinter erledigte Termine ein Häkchen setzen.

Fehlt noch was? Bien sûr, die Geburtstage all deiner Freunde! Die solltest du auf jeden Fall eintragen. Ich zumindest freue mich nämlich immer, wenn alle an meinen Geburtstag denken!

Alles im Griff!

Alors!

Wenn du dein Zeitmanagement im Griff hast, erspart dir das eine Menge Stress und Ärger. So kannst du deine Zeit wirklich bewusst und sinnvoll nutzen – sowohl um dich zu entspannen als auch um deine Ziele zu erreichen.

A la fin!

Ziele erreichen ist ganz einfach

… man muss nur wissen, wie es geht. Das Anfangen ist zum Beispiel gar nicht so schwer. Nur wer den ersten Schritt nicht wagt, versinkt am Ende in Chaos, Zeitdruck und womöglich auch in allerlei Schwierigkeiten. Viel Alltagsstress lässt sich hingegen umgehen, wenn wir die Dinge nur richtig planen und anpacken. Es ist eigentlich genügend Zeit da, wir müssen sie nur effektiv nutzen.

Überleg dir, welche Ziele dir wirklich wichtig sind und warum du sie erreichen willst. Wenn du dir sicher bist, dass es sich lohnt, ist kein Weg zu weit. Es reicht schon, wenn du kleine, überschaubare Teilaufgaben konsequent abarbeitest. Irgendwann wird daraus eine Routine, vielleicht macht dir die Arbeit sogar Spaß – und ehe du dich versiehst, hast du dein großes Ziel erreicht!

Manchmal geht es auch nur um lästige Aufgaben, die irgendwie erledigt werden müssen. Doch auch hier kannst du dich ganz einfach motivieren, wenn du dir vorstellst, wie erleichtert du sein wirst, wenn du das Thema endlich abhaken kannst.

Welche Aufgaben schiebst du oft vor dir her? Und welche Ziele möchtest du erreichen? Worum es auch geht, ich hoffe, ich konnte dir mit meinen Tipps weiterhelfen und für eine Extraportion Motivation sorgen. Natürlich bin ich gespannt auf dein Feedback. Schreib einfach an madame.missou@gabal-verlag.de.

Nun ist es so weit: Klapp das Buch zu, atme noch einmal tief durch und fang an!

Madame Missou
Von der Freundin für die Freundin.
Der Ratgeber zum Verschenken

Ob Achtsamkeit, gute Laune, Aufräumen oder Selbstbewusstsein, Madame Missou weiß Rat. Sie hat schon vieles ausprobiert und verrät ihren Leserinnen die besten Tipps und Tricks! Die kleinen Ratgeber widmen sich in kompakter Form Themen, die uns im Alltag begleiten, und Herausforderungen, denen frau sich täglich stellt – und präsentieren pragmatische Lösungen. Die liebevollen Illustrationen und Listen zum Selbsteintragen steigern das Lesevergnügen und machen die Bücher zu individuellen Workbooks.

Das perfekte Geschenk für die beste Freundin!

Besuch mich auf Facebook unter
www.facebook.com/ MadameMissou

Bibliografische Information der Deutschen Nationalbibliothek
Die Deutsche Nationalbibliothek verzeichnet diese Publikation in der
Deutschen Nationalbibliografie; detaillierte bibliografische Daten
sind im Internet über http://dnb.d-nb.de abrufbar.

ISBN 978-3-86936-892-4

Redaktionelle Bearbeitung: Eva Gößwein, Berlin
Umschlaggestaltung: Isabel Große Holtforth, Maisach
Satz, Layout und Illustrationen: Isabel Große Holtforth, Maisach
Druck und Bindung: Salzland Druck, Staßfurt

www.gabal-verlag.de   **www.madame-missou.de**